랭이의 러블리걸송이구관

20가지 테마로 만나는 종이인형 놀이
랭이의 러블리걸 종이구관

초판 3쇄 발행	2023년 04월 20일
초 판 발 행	2022년 06월 10일
발 행 인	박영일
책 임 편 집	이해욱
저 자	랭이
편 집 진 행	박소정
표 지 디 자 인	김지수
편 집 디 자 인	신해니
발 행 처	시대인
공 급 처	(주)시대고시기획
출 판 등 록	제 10-1521호
주 소	서울시 마포구 큰우물로 75 [도화동 538 성지 B/D] 6F
전 화	1600-3600
홈 페 이 지	www.sdedu.co.kr
I S B N	979-11-383-2444-1(13630)
정 가	16,000원

※이 책은 저작권법에 의해 보호를 받는 저작물이므로, 동영상 제작 및 무단전재와 복제, 상업적 이용을 금합니다.
※이 책의 전부 또는 일부 내용을 이용하려면 반드시 저작권자와 (주)시대고시기획·시대인의 동의를 받아야 합니다.
※잘못된 책은 구입하신 서점에서 바꾸어 드립니다.

시대인은 종합교육그룹 (주)시대고시기획·시대교육의 단행본 브랜드입니다.

20가지 테마로 만나는 종이인형 놀이

랭이의
러블리걸종이구관

prologue

안녕하세요! 랭이입니다 :)
많은 분이 제게 '랭이님 종이책은 없으신가요?'라는 질문을 했었는데요.
이제 그 질문에 대답할 수 있게 되었네요.
드디어 첫 종이책이 출간되었습니다~!
책을 내기까지 정말 많은 우여곡절이 있었지만
이렇게 완성해서 여러분께 보여드릴 수 있어서 정말 기뻐요.

책에서만 만나볼 수 있는 20가지의 예쁜 종이인형 테마와
배경책, 보관함까지 들어 있어서 즐겁게 놀 수 있을 거예요.
만약 더 많은 소품이나 배경이 필요하다면,
검색창에 '그림 그리는 랭이'를 검색해보세요.
제 블로그에서 다양한 만들기 도안을 만나보실 수 있어요.

제게 관심을 가져주셔서 감사하고, 이 책을 통해 만난 여러분 너무 반가워요 :)
예쁜 옷을 입고 친구들과 즐겁게 노는 종이인형처럼
여러분에게도 항상 즐겁고 행복한 일이 가득하시길 바랍니다!

- 랭이 -

contents

Prologue
•
7

일러두기
•
9

종이구관 미리보기
•
10

시작하기 전에

준비물 • 16   종이인형 준비하기 • 18
배경책 만들기 • 26   보관함 만들기 • 28

종이구관 도안
•
33

일러두기

1.
가위와 칼을 사용할 때는 다치지 않도록 조심해요.
가위질이 서툰 어린이는 꼭 어른의 도움을 받아 함께 만드세요.

2.
먼저 '시작하기 전에'를 읽으면서 만드는 방법을 익힌 다음
설명을 따라서 차근차근 종이인형을 만들어요.

3.
옷과 헤어, 신발은 되도록 정확히 선을 따라서 오리고, 접고, 붙여야
종이인형에 잘 맞아요.

4.
한 번에 모두 자르려고 하지 말고 조금씩 나눠서 자르면 편해요.

5.
종이인형과 옷 등은 잃어버리지 않도록 보관함에 잘 넣어서 보관해요.

랭이의 러블리걸 종이구관

시작하기 전에

종이인형을 재미있게 가지고 놀려면

예쁘게 오리는 것부터 시작해야겠죠?

먼저 필요한 도구를 하나씩 소개하고,

종이인형을 예쁘게 오려서 조립하는 방법까지

차근차근 친절히 알려드릴게요 :)

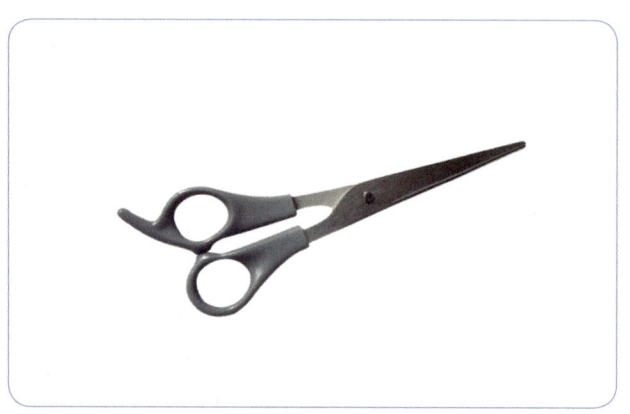

가위
종이를 오릴 때 사용해요. 가위를 사용할 때는 가위를 든 손은 고정하고 상대적으로 가벼운 종이를 움직이면서 오리는 것이 편해요.

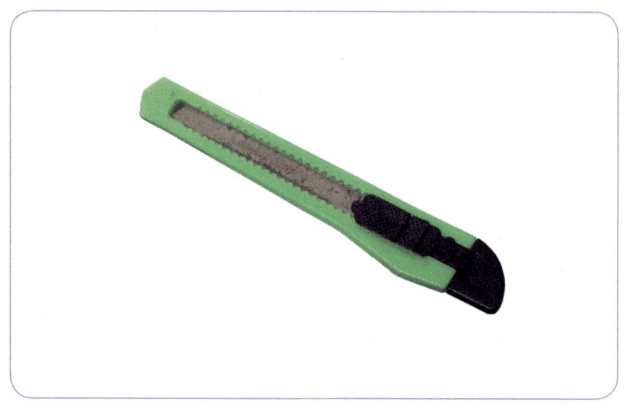

칼
가위로 오리기 어려운 부분은 칼을 사용해요. 칼은 다치기 쉬우니 꼭 어른의 도움을 받아요.

고체 풀
헤어와 가방, 신발을 만들 때 사용해요. 액체 풀보다는 고체 풀을 사용해야 좁은 면을 풀칠하기 편해요.

투명 테이프

옷 고정끈 접히는 부분에 테이프를 붙여 튼튼하게 만들 때와 배경책을 만들 때 사용해요.

재접착 풀

종이에 칠해도 마르지 않고 약한 접착력이 생겨서 떼었다 붙였다 할 수 있는 풀이에요. 옷이나 신발, 가방의 고정끈을 잘라내고 뒷면에 재접착 풀을 바르면 종이인형에 떼었다 붙였다 하면서 가지고 놀 수 있어요. 접착력이 약해지면 풀을 덧발라 사용해요.

재접착 양면 테이프

재접착 풀처럼 떼었다 붙였다 할 수 있는 테이프예요. 재접착 풀보다는 접착력이 좀 더 강하므로 작은 크기로 잘라서 붙이는 것이 좋아요.

※ 일반 양면 테이프가 아닌 **재접착 양면 테이프**를 사용해야 해요. 일반 양면 테이프를 사용하면 떼었다 붙였다 하면서 종이가 상할 수 있으니 꼭 재접착이 가능한 양면 테이프를 사용하세요.

[도안 오리기]

1.

오리고 싶은 도안을 고른 뒤, 도안보다 좀 더 넉넉하게 덩어리로 오려요.

2.

도안의 테두리 선을 따라 천천히 오리면 완성!

tip 테두리 선이 보이게 선 바깥쪽으로 오려야 종이인형에 옷이 예쁘게 잘 맞아요.

칼로 가방 손잡이 가운데 오려내기

가방 손잡이의 가운데 빈공간은 오려내지 않고 그대로 사용해도 괜찮지만, 오려내고 싶다면 칼을 사용하여 다치지 않도록 조심해서 오려주세요.

소품 오리기

소품은 테두리가 비교적 복잡해서 오리기 어려울 수 있어요. 그럴 때는 테두리 바깥쪽으로 살짝 여유를 두고 부드럽게 곡선을 그리며 오리면 좀 더 편해요.

종이인형 오리기

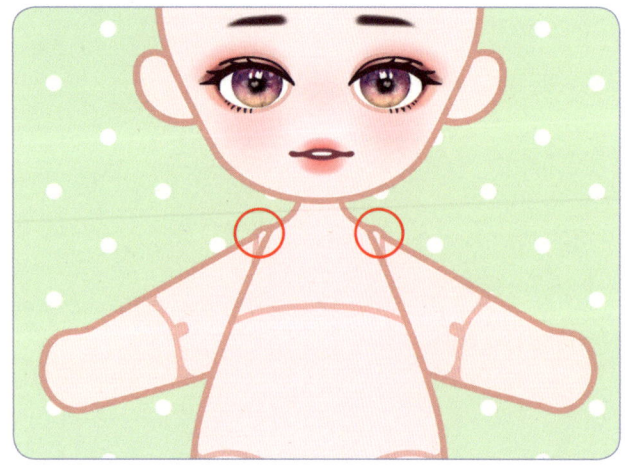

종이인형을 오릴 때는 어깨 부분을 잘라버리지 않도록 주의해요. 어깨가 볼록 튀어나와 있어야 옷의 고정끈을 걸었을 때 흔들리지 않고 잘 고정돼요.

【 헤어 만들기 】

1.

뒷머리와 앞머리를 준비해요.

2.

뒷머리 위쪽의 흰색 부분에 풀칠한 다음 앞머리를 위쪽부터 맞춰서 붙여요.

tip 흰색 박스 부분을 벗어나지 않도록 풀칠해야 종이인형에 헤어를 씌웠을 때 잘 맞아요.

3.

앞머리와 뒷머리 틈새를 벌려 종이인형 머리에 씌우면 완성!

[옷, 가방, 신발 만들기]

옷, 가방, 신발은 두 가지 방법으로 입힐 수 있어요. ①도안에 연결된 고정끈을 사용하는 방법과 ②고정끈을 잘라내고 재접착 풀 또는 재접착 양면 테이프를 사용하는 방법이에요.

① 고정끈 사용 시

옷 어깨 고정끈 튼튼하게 만들기

1.

옷 고정끈을 접었다 폈다 하면서 놀이하다 보면 접히는 부분이 해져서 끊어질 수 있어요. 그래서 뒷면에 투명 테이프를 붙여서 튼튼하게 만드는 과정이 필요해요. 먼저, 옷 고정끈이 접히는 부분을 칼등으로 그어 자국을 낸 다음 접었다 펴요.

tip 종이가 도톰하기 때문에 그냥 접으면 예쁘게 접기 어려워요. 접히는 부분의 선을 칼등으로 살짝 그어 자국을 내면 자국이 난 모양대로 예쁘게 접혀요. 이때 칼로 너무 세게 그으면 종이가 잘릴 수 있으니 자국이 날 정도로만 살살 그어요.

2.

옷 고정끈 뒷면에 투명 테이프를 붙인 뒤 튀어나온 부분은 가위나 칼로 잘라서 정리해요.

3.

종이인형 어깨에 고정끈을 뒤로 접어서 고정하면 완성!

가방·신발 만들기

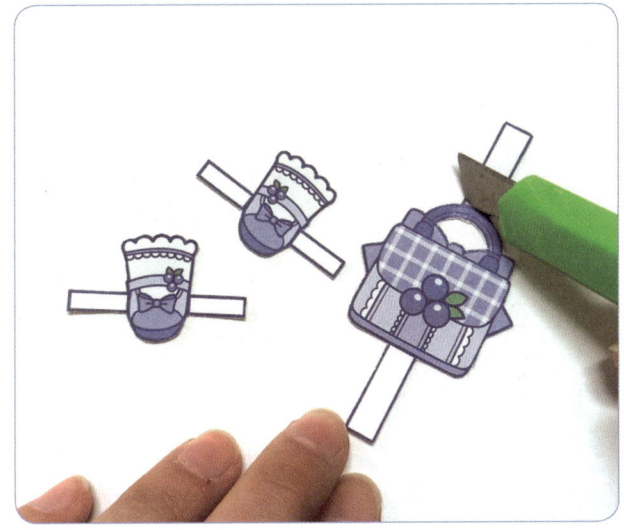

1.

가방과 신발의 고정끈이 접히는 부분을 칼등으로 그어 자국을 낸 다음 접었다 펴요.

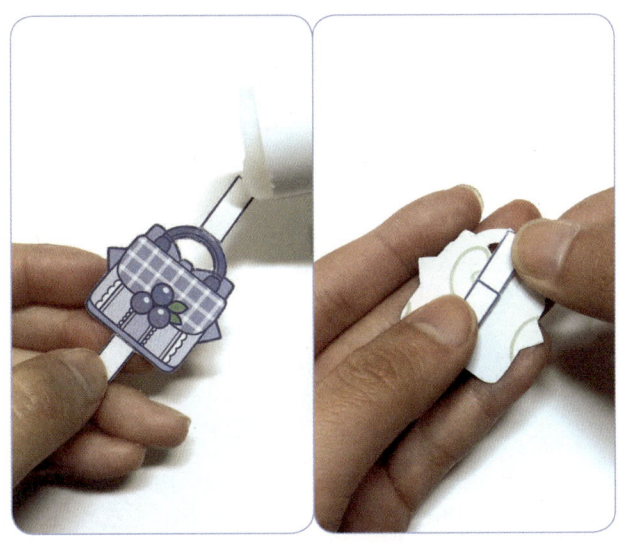

2.

고정끈이 겹치는 부분끼리 풀칠해서 붙여요.

3.

종이인형 손에 가방을 끼우고, 발에 신발을 신기면 완성!

② 재접착 풀/재접착 양면 테이프 사용 시

1.

옷, 가방, 신발의 고정끈을 잘라내요.

2.

도안 뒷면에 재접착 풀을 살짝 발라요.

tip 도안에 전체적으로 풀칠하기보다는 종이인형에 붙일 부분만 살짝 칠하는 것이 깔끔해요. 만약 종이인형에 잘 안 붙는다면 그 때 좀 더 칠해요.

tip 풀을 바른 다음 30초 정도 말린 후 붙여요.

3.

종이인형에 옷, 가방, 신발을 붙이면 완성!

재접착 양면 테이프

1.

옷, 가방, 신발의 고정끈을 잘라내요.

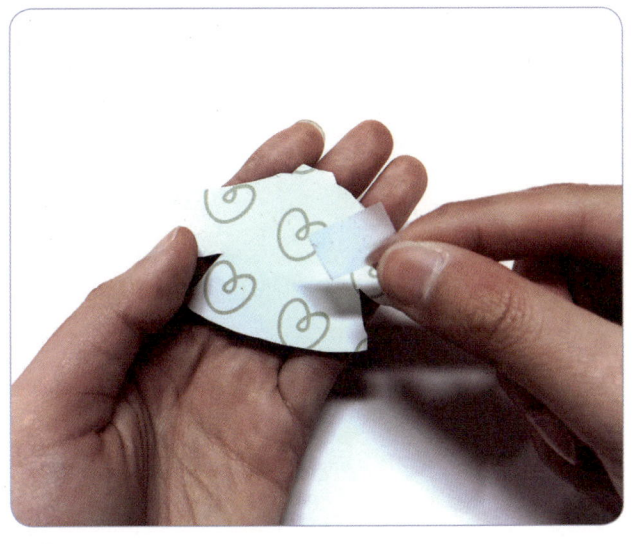

2.

도안 뒷면에 재접착 양면 테이프를 작게 잘라서 붙이고 꾹꾹 눌러서 밀착시켜요.

tip 재접착 양면 테이프는 작게 잘라서 도안 윗부분에 붙이는 것이 좋아요. 테이프를 너무 크게 잘라서 붙이면 옷이나 신발 등을 떼었다 붙였다 하기가 어려워요.

3.

종이인형에 옷, 가방, 신발을 붙이면 완성!

1.
배경책 도안 두 장을 준비해요.

2.
두 장 모두 가운데의 점선을 칼등으로 그어 자국을 내요.

3.
점선이 밖으로 오도록 반을 접어요.

4.
'배경책'이라고 쓰여 있는 도안을 오른쪽에, 나머지 도안은 뒷면이 보이게 왼쪽에 두고 투명 테이프를 붙여 연결한 다음 반으로 접으면 완성!

tip 안쪽과 바깥쪽 모두 테이프를 붙이면 더 튼튼해요.
tip 두 도안 사이에 살짝 틈을 두고 붙여야 반 접었을 때 예쁘게 완성돼요.

1.

보관함 도안 네 장 모두 안쪽의 선을 칼등으로 그어 자국을 낸 다음 선이 밖으로 오도록 접어요.

2.

[풀칠] 부분에 풀칠한 다음 붙여서 상자와 뚜껑을 만들어요.

3.

종이인형과 옷, 신발 등을 잃어버리지 않도록 상자에 잘 넣고 뚜껑을 덮어서 보관해요.

종이구관 도안

예쁘고 귀여운 20가지 테마의
종이인형이 기다리고 있어요.
100가지 이상의 아기자기한 의상과
신발, 가방, 소품까지!
여러분만의 종이인형을 만들어보세요 :)

풋사과

포도

블루베리

고양이

찾았다

이름: